HEYNE MINI

MARKUS BÄR

NICHT OHNE MEINEN MANTA

BRANDNEUE MANTAWITZE

Originalausgabe

WILHELM HEYNE VERLAG
MÜNCHEN

Heyne MINI Nr. 33/191

Text:
Markus Bär
Umschlagzeichnung:
Peter Butschkow
Innenillustrationen:
German Bär
Umschlaggestaltung:
Atelier Ingrid Schütz, München
Satz:
Satz & Repro Grieb, München

ISBN 3-453-05593-4

Manni will sich einen neuen günstigen Manta kaufen, der Opelhändler zeigt ihm ein silbernes Manta-Wrack mit Rostlöchern:
»Sie sollten den silbernen GTE nehmen, der ist schon mehrfach überholt.«
Darauf Manni: »Von wat denn überholt Äiih, vom Drahtesel oder von ne'm Spaziergänger.«

Warum kann Manni kein Aids kriegen?

Auch Viren haben ihren Stolz!

Was ist Mantafanta?

3 Liter Öl für die Karre und ein Klarer für Manni!

»Hey Manni, sag mal
Tanne!«
»Tanne Äiih.«
Hey Manni, sag mal Wald!«
»Tanne Äiih, Tanne Äiih,
Tanne Äiih, Pilze Äiih,
Tanne Äiihh …

Warum hat Mannis Frisöse (Mantahari) immer blaue Flecken auf den Möpsen?

Ganz einfach, weil Manni immer bei voll aufgedrehter Kenwoodanlage volle Suppe mit seinem Ellenbogen dagegen stößt und brüllt: »Geiler Sound, wah Äiih!«

Manni zur Mantahari: »Du Äiih ich hab heut unser Kind für die Sonderschule angemeldet.«
Mantahari: »Meinst du denn der hat das Zeug dazu?«

Was hat das Auto des Mantafahrers mit seiner Freundin gemeinsam?

Beide sind total frisiert, Äiih!

»Na, Manni wie gefällt dir dein supertiefer Manta?« »Nicht schlecht,« erwidert Manni, »er drückt nur ein bißchen an den Schultern.«

Warum hat Manni seine Hämorrhoiden jetzt in der Kniekehle?

Manni läßt alles tieferlegen, Äiih!

Manni Manta kommt zum Arzt und schreit: »Äiih Mann Äiih, schnell Hoden rausnehmen Äiih.« Der Arzt: »Das ist aber doch nicht so einfach, das ist eine schwierige Operation.« Manni: »Äiih Mann Äiih, schnell Hoden rausnehmen.«
Der Doktor führt die Operation durch und als Manni

wieder aus dem OP kommt, trifft er Mantahari. Mantahari fragt ihn: »Und Manni, wie war es beim Mandeln herausnehmen?« Manni haut sich mit der Hand auf die Stirn: »O Shit, Mandeln rausnehmen heißt dat im Hals, und ich hab gedacht dat heißt Hoden rausnehmen.«

Warum hat Manni drei Rückspiegel?

Damit er die Morgen-, Mittag- und Abend-Sonnenbrille und seine sechs Würfel aufhängen kann.

Warum hat Manni an seinem GT/Ey vierundzwanzig Hallos von Hella?

Damit Manni auch nachts mit seiner ultradunklen Sonnenbrille fahren kann.

Warum hat Manni das Zündschloß einen halben Meter höher als üblich angebracht, Äiih?

Damit er beim Gasgeben nicht immer auf den Fuchsschwanz tritt.

Warum kennt man nicht den Konstrukteur des Mantas?

Weil keiner dafür verantwortlich sein will.

Welches Motorrad fährt Manni nebenbei?

Is doch klar! Einen Dragster, wegen der breiten Reifen!

»Manni, warum schnallst du dich nicht an«?
»Ganz einfach, die Lehrerin aus der Schule hat gesagt, ich würde sowieso immer sitzenbleiben.«

Worin unterscheidet sich der Manta von Kojak?

Der Manta kann noch frisiert werden.

Die Enten machen es, die Bienen machen es, und auch die Fledermäuse! Nur Manni machts nicht.

Is ja auch klar Äiih, seit wann kann Manni fliegen?

Warum bekam Manni neulich zwei Jahre Knast auf Bewährung?

Weil er einen Planierraupenfahrer mit der Pistole bedrohte und sagte: »Äiih Mann, gib mir sofort deinen großen Frontspoiler.«

Warum hat Manni in seinem Manta einen durchsichtigen Glasboden?

Damit auch künftig die Kanalarbeiter Mannis Stiefel bestaunen können.

Und wozu dient der Glasboden in Mannis Manta noch?

Damit Manni sehen kann, was er so täglich überfährt!

Was hat ein Pariser und Mannis Manta gemeinsam?

Beide stören den Verkehr!

Manni: »Mantahari, bin ich eigentlich der einzige, der dich in einem Manta geliebt hat?«
Mantahari: »Ganz sicher Manni, ich bin gestern noch einmal die Liste durchgegangen.«

»Äiih, Manni, du hast aber ein tierisches Loch im Reifen.«
»Ja, Äiih ich bin voll in ein Messer gefahren!«
»Warum machst du nicht besser die Augen auf, Manni?«
»Äih Mann Äihh, der Typ hatte das doch in der Hosentasche!«

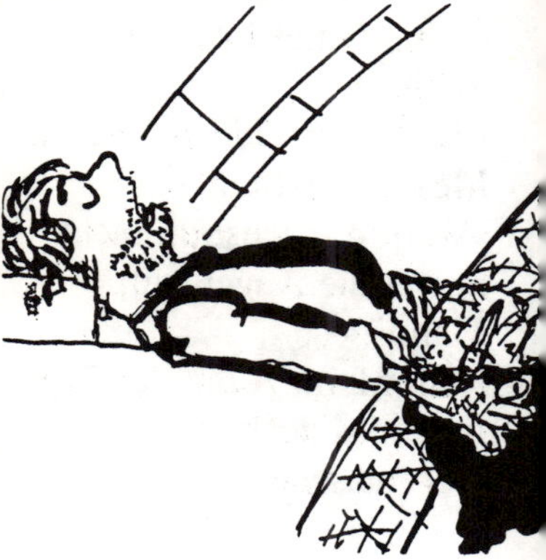

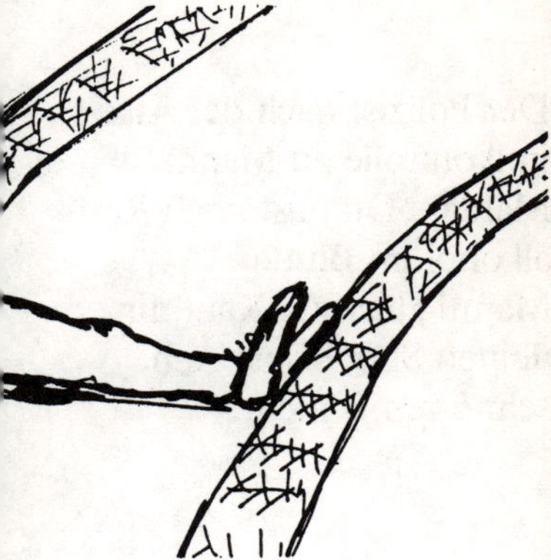

Der Polizist nach der Alkoholkontrolle zu Manni Manta: »Du hast noch Restalkohol im Blut!«
Manni gluckst: »Kauf dir deinen Sprit selbst Äiih, schnorren is nicht.«

Was macht Manni Manta, wenn die Bremse kaputt ist?

Er repariert die Hupe!

Warum will Manni Landwirt werden?

Weil Traktoren so breite Reifen haben!

Wie nennt man das, wenn Mantahari sich schminkt?

Bauernmalerei!

Was ist der Unterschied zwischen Manni Manta und einem Zündholz?

Es gibt eigentlich keinen. Beide reiben sich an einer Schachtel und verlieren dabei ihr Köpfchen.

Manni ist total am Boden
zerstört.
»Was ist denn los?« fragt
Mantahari
»Ich bin total verklebt mit
süßen Brötchen.«
»Wie kommt das, Äiih?
»Ich bin an ne'm Martinszug
vorbeigekommen und hab
gerufen: ›Äiih we(g)ck-Mann
Äiih‹.
Da ham die voll mit den
süßen Brötchen geworfen.
Total Asi Äiih.«

Unterhalten sich zwei Mantafahrer.
Der erste: »Äih, Äih.«
Nach drei Minuten der zweite: »Ja, Äih.«
Acht Minuten Pause, dann kommt ein dritter Mantafahrer vorbei. »Äih, Äih, Äih, Äih isch... Ääääää.«
Darauf der erste zum zweiten Mantafahrer: »Äih, komm laß uns gehen, dat is ein Vielschwätzer.«

Warum mag Manni so gerne Planierraupen?

Wegen dem großen vermeintlichen Frontspoiler!

Manni nimmt eine feine
ältere Dame in seinem
Manta mit.
Als sie an der Sündigen
Meile vorbeikommen, sagt
die Dame:
»Pfui, schauen sie mal
junger Mann, da stehen ja
Prostituierte.«
»Na, sagt Manni, wenn dat
mal keine Nutten sind,
Äiih.«

Was sieht man bei Manni neben dem Fuchsschwanz am FKK-Strand?

Is doch klar! Die verchromten Eier!

Manni und Mantahari stehen in der Kneipe.
Fragt Manni: »Du, Mantahari, wieviel ist eins und eins, Äiih?«
Mantahari: »Ich glaube zwei!«
Manni holt seinen Frontspoiler von draußen, zieht

ihn Mantahari über den Schädel und schlägt sie kaputt.
Der Barkeeper brüllt: »Mensch, Manni, du Idiot, die ist ja hin!«
Manni: »Cool, Äiih, ging nicht anders, Sie wußte zuviel!«

Wie fühlt sich Manni, wenn er auf dem Müllwagen steht?

Wie ein Karnevalsprinz!

MÜLL

Wie viele Mantawitze gibt es?

Exakt gesehen nur einen,
der Rest ist pure Wahrheit!

Warum gibt es erst im Jahr 2040 den Mantafahreraufstand und nicht schon 40 Jahre früher?

Im Jahr 2000 hat Manni die Gags zwar schon kapiert, aber es dauert vierzig Jahre, bis Manni den Manta auf Kampfpanzer-Format ähnlich dem ›Äiih-Team‹ getrimmt hat.

MANTA

2000

Manni braust bei Rot volle Kanne über eine Verkehrs-Ampel.
Mantahari brüllt Manni an: »Äiih, du Heizer, die war Rot.«
»Ach wat,« ruft Manni, »dat war Kirsch-Grün.«

Was heißt das in der Manta-sprache?

(H 1, in 4 X Abba =)

☞

Auflösung: »Heinz, komm mal in die Firma, aber gleich«!

H1,IN
4X
ABBA =

Ein Polizist hält Manni an und bemängelt: »Sie sind bei Rot über die Ampel gefahren, Stoppschild mißachtet, und sie sind quer über den durchgezogenen Mittelstreifen gefahren, haben sie denn nichts in der Fahrschule gelernt?«
Manni darauf: »Doch, aber dat is ja nur für Anfänger, und ich bin jetzt Profi.«

Manni hat mit seinem Manta den zweiten Preis für gutes Styling auf der Designer Messe gewonnen. Den ersten Preis bekam Waldi für einen spontanen Hundehaufen.

2. Preis

1. Preis

Manni Manta kommt in die Apotheke und sagt zum Apotheker:
»Ich hätte gern was gegen Filzläuse, Äiih.«
Der Apotheker fragt freundlich: »Und für wieviel soll es sein?«
Manni: »Ich hab se noch nicht gezählt, Äih.«

Manni kommt in einen Getränkemarkt und schreit: »Mann, ich hätte gerne ein Kilo Orangensaft.«
Der Verkäufer schüttelt den Kopf: »Junge, Orangensaft wird nicht gewogen, sondern gemessen.«
Darauf Manni: »Dann hätte ich gern ne'n Meter, Äiih.«

Warum malt sich der Manni im Sommer ein großes Kreuz auf die Motorhaube?

Wegen der vielen Fliegen, die sollen wenigstens in Frieden ruhen, wenn sie gegen den Manta klatschen.

Manni trifft Manta Heino und sagt: »Stell dir vor, meine Mantahari is im sechsten Monat schwanger.« Darauf Manta Heino: »Und Äih, haste schon einen in Verdacht?«

Manni Manta und Mantahari erreichen gerade noch den Busbahnhof, um zu sehen, wie ihr Bus davon fährt.
Wütend dreht sich Mantahari zu Manni um und faucht ihn an: »Äih, du bist total der Idiot, wärst du schneller gewesen, dann hätten wir jetzt den Bus!«

Darauf Manni: »Ja Äiih, und wenn du nicht so total schnell gerannt wärst, müßten wir jetzt nich so lange auf den nächsten warten.

H

Wegen häufiger Verkehrsdelikte sitzt Manni im Knast. Sein erster Brief an Mantahari lautet: Wir sind hier 386 Insassen, ich wünschte, es wären nur 385 Äiih. Wasch den Manta. Dein Manni.

I HATE KNAST!

Wenn man Manni auf den Kopf stellt, dann läuft das Blut in den Kopf.
Und was passiert, wenn man Manni auf die Füße stellt?
Nichts! Manni's Füße sind ja nicht hohl Äih!

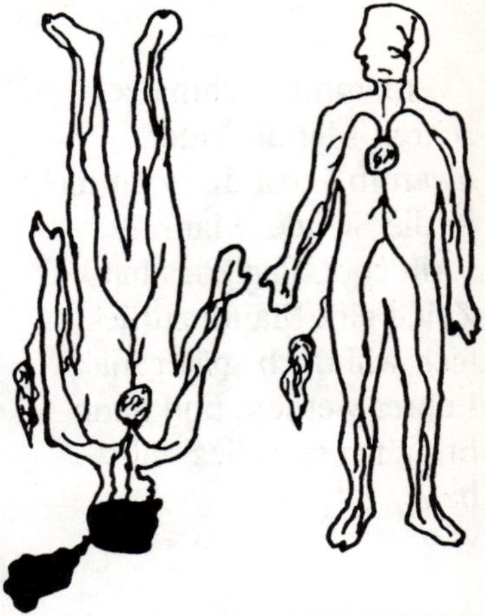

»Verdammt nochmal,« schreit Mannis Vater, »warum gehst du denn nicht in die Schule, Manni?« »Äih cool, Papi, das hat Zeit,« gibt Manni zurück, »ich will doch später mal Lehrer werden, und dann bring ich mir alles selbst bei.«

Manni kommt zum Opelhändler und will einen neuen Manta kaufen. »Sind die Bremsen auch gut?« fragt Manni. »Klar,« sagt der Opelhändler, »und wenn sie nicht funktionieren, dann können sie das auch jederzeit umtauschen.«

Manni geht in eine Buchhandlung und sagt zum Verkäufer: »Ich hätte gern ein Geschenk für Mantaharis Kommunion, Äih.«
Darauf der Verkäufer: »Wollen sie vielleicht ein Altes oder ein Neues Testament?«
Manni ist erbost: »Bin ich Asi, Äiih? Wenn dann nur ein neues! Ich verschenk doch nichts Altes, Gebrauchtes Äiih.«

Bibel
N.T.
Bibel
N.T.

Manni wird gerade auf einer Bahre in den Rettungshubschrauber geschoben. Auf einer weiteren Bahre liegt bereits ein alter Mann. Der alte Mann grüßt und sagt: »Gestatten Hühnermann, Herzschwäche.«
Manni grüßt zurück: »Angenehm, Manni Manta, Geschwindigkeitsübertretung.«

Manni Manta steht trotzig vor dem Verkehrsrichter: »Zugegeben, klar, ich habe auf der Autobahn gelegen. Aber das heißt doch noch lange nicht, daß ich besoffen war.« Da fragt der Richter: »Dann erklären sie mir mal, wie sie auf die Idee gekommen sind, mit einem Radiergummi den Mittelstreifen wegradieren zu wollen?«

Manni vor dem Verkehrsrichter: »Manni, geben sie zu, daß sie die Politesse ›dusselige Kuh‹ genannt haben?«
Manni wägt ab und sagt: »Ich kann mich nicht mehr so exakt erinnern, Äih, aber je länger ich mir das Flittchen so ansehe...«

Manni kommt an die Rezeption seines Motels und schlägt mit full power auf die Theke. »Äih, wo is mein Manta? Ich sage euch, wenn der in einer dreiviertel Stunde nicht wieder vor der Türe steht, dann passiert die gleiche Katastrophe wie damals in Bochum!«

Nach einer dreiviertel Stunde ist der Manta wieder da, und der Rezeptionist fragt Manni ganz untertänig: »Entschuldigen Sie bitte, was ist denn damals in Bochum passiert?« Darauf Manni ganz betreten: »Da bin ich zu Fuß weiter gegangen, Äiih.«

Manni kommt sturzbesoffen aus der Kneipe nach Hause, stellt sich vor den Garderobenspiegel, beschimpft ihn und schlägt brutal mit geballter Faust zu. Ein kurzes Klirren ertönt, und der Spiegel ist in tausend Stücken. Manni entschuldigt sich: »Äih, tut mir leid, ich wußte ja nicht, daß du Brillenträger bist.«

Manni kommt total sauer in die Disco: »Welche Sau hat meinen Manta auf dem Parkplatz in Batussi-Braun lackiert?« Ein zwei Meter großer Typ stellt sich Manni in den Weg: »Ich war das, du Asi, was dagegen?« Manni ist totenblaß: »Nein, Äihh, ich wollte nur sagen, der Lack ist soweit durchgehärtet, der Klarlack könnte jetzt drauf.«

Manni trifft die angeheiterte Mantahari und fragt: »Äih, wat is denn mit dir los?« »Ich könnte mich heute totsaufen.« erwidert sie und setzt die Flasche an. »Nicht so schnell, laß noch wat drin,« schreit Manni, »dann können wir ja zusammen sterben.«

Manni gibt in seiner Kneipe total an: »Äih ich hab jeden Tag die nackten Schenkel vor mir, dann reiß ich die Dinger auf, boah Äih«. Einer der Jungs tippt Manni auf die Schulter: »Dann arbeitest du wohl im Nachtclub oder?« Manni traurig: »Wieso im Nachclub, ich bin in der Hähnchenwaschanlage vom Wienerwald, Äih.«

Mantahari fragt ihre Arbeitskollegin: »Äihh, was ist eigentlich dein Mann?«
»Der ist Wirtschaftsprüfer,« sagt sie.
Darauf Mantahari: »Typisch, du Ärmste, meiner hängt auch nur in der Kneipe.«

Manni baut einen Crash mit einem Benzfahrer. Der Benzfahrer zieht einen Flachmann aus der Tasche und sagt: »Komm, Junge, nimm erst mal nen kräftigen Schluck, das hilft.« Manni trinkt, und der Benzfahrer steckt den Flachmann wieder weg. »Trinkst du denn nix, Äiih?« fragt Manni. »Doch, aber erst nach der Alkoholkontrolle.«

Was ist Manni, wenn er mit der Sonderschule fertig ist?

Ein alter Mann!

HILFSSchuhle

»Manni Manta, kannst du uns denn etwas Genaueres sagen über den Mann, der dir in den Manta gefahren ist und dann Fahrerflucht beging,« fragt der Polizist. Manni »Ja, Äiih, er roch nach Bier.« »Ja, Manni das reicht aber nicht,« entgegnet der Polizist, »es müßte schon genauer sein.« Darauf Manni: »Äiih, ich bin mir sicher, das war Pilsener.«

Was macht Manni in der Hochzeitsnacht?

Is doch klar, Äiih, er trägt seinen Manta über die Garagen-Schwelle!

☞

»Manni, wie konnte der Unfall zustande kommen.« fragte der Polizist. »Ja, Äiih plötzlich kam da total so ein Besoffener und kracht mir voll in den Manta, Äiih,« erwidert Manni. »Und woher willst du wissen, daß er besoffen war?« will der Polizist wissen. »Äiih, ganz einfach, Äiih,« gibt Manni zurück, »der is voll mit ne'm Baum gefahren.«

Mantahari fährt mit dem Manta nach Hause, und als sie das Wohnzimmer betritt, fragt sie Manni ganz verwundert: »Sag mal, der tote Penner auf unserer Motorhaube, ist der schon immer dagewesen, Äiih?«

Und dann war da noch der Mantafahrer, der die Dampfwalze überfiel und schrie: »Her mit den breiten Socken, Äiih!«

»Das macht fünfzig Mark,« sagt der Polizist und stellt Manni seinen Bußgeldbescheid aus. »Hast du denn die rote Ampel nicht gesehen?« »Doch, Äiih,« erwidert Manni, »aber leider Sie nicht.«

Manni nimmt gerade zwölf seiner Mantakumpels mit, und der Manta ist voll überladen. Plötzlich springt ein Polizist vor den Manta und fuchtelt wie wild mit den Armen in der Luft herum. Da schreit Manni aus dem offenen Fenster: »Äiih, isch bin voll besetzt, Äiih, wenn du mitfahren willst, dann mußt du es beim nächsten Wagen probieren.«

»Manni, warum liegt denn dein Manta auf dem Dach? Hattest du einen Unfall?«
»Ne, Äihh, ich hab den nur total herumgedreht, um zu sehen, wie gut sich die Reifen drehen.«

Manni kommt stolz aus der Sonderschule nach Hause. »Äiih Daddy, heute war ich der einzigste, der dem Lehrer eine wichtige Frage beantworten konnte.«
»Ja wat denn?« fragt Mannis Daddy.
»Na, wer in der Schule die Toilettenbecken demoliert hat.«

Manni Manta wird von der Polizei abrupt angehalten, und der Beamte ruft ihm hektisch zu: »Eben ist deine Frau bei voller Fahrt aus deinem Wagen gefallen, hast du das denn nicht bemerkt?« Da wird Manni wütend: »Und dafür halten sie mich an und machen so ne'n Streß, Äiih, ich dachte schon, ich war zu schnell gefahren.«

Was ist der Unterschied zwischen Manni Manta und einem Fuchs?

Der Fuchs hat den Schwanz hinten!

Der Hilfsschullehrer: »Manni, warum schreibst du denn im Aufsatz, daß du Mantahari im Kornfeld geliebt hast, was soll denn die Schweinerei?«
»Ganz einfach, Äih, erwidert Manni, »weil ich Rhabarberfeld nicht schreiben kann.«

»Äiih, Manni, was machst du denn für ein Gesicht?«
Manni: »Ich hab heute einen Bußgeldbescheid gekriegt.«
»Na und Manni, wieviel mußt du zahlen?«
Manni: »Keine Ahnung Äiih, ich kann doch nicht weiter als bis hundert zählen.«

»Manni Manta, das geht doch nicht,« faucht der Verkehrsrichter, »Sie sind jetzt schon das fünfzehnte Mal von mir verurteilt worden.« »Warum denn nicht?« gibt Manni zurück, »wenn ich jemanden mag, kriegt er gleich jede Menge Arbeit von mir.«

Der Rennleiter brüllt Manni Manta an: »Echt Manni, du bist total asi Äiih, du hättest schon fünfmal die Strecke umrunden können in der vorgegebenen Zeit, jetzt biste letzter.«

»Ok Äiih,« gibt Manni zurück, »du hast ja recht, aber ich wollte doch bei meinem Manta bleiben.«

Mantahari zu ihrer Schwester: »Äiih du, Manni ist wieder in der Garage und bastelt, guck doch mal schnell im Telefonbuch nach, welcher Chirurg heute Notdienst hat.«

Was ist der Unterschied zwischen Manni und den Slums?

Eigentlich gibts keinen, beide haben fast das gleiche Outfit.

Bekanntschaftsanzeige in der Tageszeitung, Rubrik: Frisöse sucht Manni: »Sex Ehrensache, Manta Hauptsache, Schulabschluß Nebensache.«

»Äiih Manni, du bist ja total der Esel, dir fehlen ja nur noch die Stoßzähne.«
Manni: »Wiso Äiih, die ham doch gar keine Stoßzähne.«
»Na also Manni, dann fehlt dir ja nichts mehr zum perfekten Esel.«

»Ist schon stark, Mantahari, das du das Geld für den Zweitmanta vom Haushaltsgeld abgezweigt hast, hat denn Manni nicht rumort?« Mantahari: »Er nicht, aber sein Magen.«

Manni: »Ich weiß nicht warum die Leute immer alle hinter der Kohle her sind? Es gibt doch Schöneres, wie zum Beispiel Urlaub auf den Malediven, ein neuer Manta…«

Manni kommt in die Werkstatt. »Ich hätt gern meinen Manta abgeliefert, der Vergaser is kaputt, ich kann aber erst in acht Wochen zahlen, geht dat?«
»Kein Problem,« gibt der Meister zurück, »der Wagen ist in acht Wochen fertig.«

Was ist der Unterschied zwischen Orgasmus und Mantafahrer?

Den gibts nicht, Manni jubelt bei beidem.

Der Verkehrsrichter plädiert: »Ich beantrage Manni Manta, wegen einfacher Übertretung der Paragraphen 5 und 6 der Straßenverkehrsordnung, zu verurteilen.«
»Von wegen einfach Äiih,« ruft Manni erbost, »dat sollten sie erst mal nachmachen.«

»Hey Manni, was sind die stärksten Männer?«
Manni: »Is doch klar Äiih, das sind total die Polizisten!«
»Warum denn, Manni?«
Manni: »Is doch easy Äiih, die können mit einer Hand ne'n Manta anhalten.«

»Hey Manni, wo ist dein Schulzeugnis?« will Mannis Daddy wissen.
»Äiih das hab ich dem Heino geliehen, unserem Klassenstreber, der will damit seinen Daddy schocken.«